Ein Leben ohne Auto ist für uns alle kaum vorstellbar. Sobald die Führerscheinprüfung geschafft ist, geht das Leben erst richtig los! Dumm nur, dass wir nicht alleine auf der Straße unterwegs sind …

Damit nun Deine Lebensfahrt mit dem Auto oder Motorrad gelingt, wollen Dir folgende Gedanken aus der Praxis für die Praxis helfen. Entstanden sind sie auf einer Reise mit Bundespolizisten. Wenn Du fair, rücksichtsvoll und vorausschauend fährst, ist der Schutzengel auf Deiner Seite!

Eine allzeit unfallfreie Fahrt, bei der Du wach bleibst für die Zeichen Gottes in Natur und Technik, wünscht Dir

Pater Gabriel Wolf OPraem

1. Gebot

Du kommst auf dem schnellsten Weg ans Ziel, wenn Dein Lebens-Navi richtig gestellt und Dein Verstand eingeschaltet ist.

P. Gabriel Wolf

Mit Gottes Schutz und Segen

10 Gebote für Autofahrer

illustriert von Christian Habicht

benno

2. Gebot

Du kommst gelassen
ans Ziel, wenn Du Dich nicht
von Deiner Automarke
her definierst.

3. Gebot

Du kommst gesund
ans Ziel, wenn Du ausgeruht
bist und Du Dich
ohne Alkohol/Drogen
ans Steuer setzt.

4. Gebot

Du kommst sicher
ans Ziel, wenn Du auf die
anderen Verkehrsteilnehmer
Rücksicht nimmst.

5. Gebot

Du kommst besonnen
ans Ziel, wenn Du
vorbereitet bist
und Du keinen gefährdest
oder verletzt.

6. Gebot

Du kommst mit gutem
Gewissen ans Ziel,
wenn Du die Verkehrsregeln
nicht brichst und ver-
antwortungsbewusst fährst.

7. Gebot

Du kommst entspannt ans Ziel, wenn Du andern nicht die Vorfahrt nimmst und genügend Abstand hältst.

8. Gebot

Du kommst verantwortungsbewusst ans Ziel, wenn Du Dich nur mit gültiger Fahrerlaubnis
ans Steuer setzt.

9. Gebot

Du kommst stressfrei
ans Ziel, wenn Du
Dein Auto gelassen lenkst,
ohne dabei anderen
imponieren zu wollen.

10. Gebot

Du kommst geruhsam ans Ziel, wenn die Freude am Fahren nicht zur Freude am Rasen wird.

Brich immer wieder
auf zu neuen Zielen,
zu Begegnung und Freundschaft.
Unterbrich auch einmal Deine Fahrt
durch Pausen,
um neue Kraft zu schöpfen.
Vielleicht brichst Du dann durch
zu neuen Erfahrungen
und Du bekommst
einen Blick für das
Wesentliche im Leben?

Gottes Segen dazu!

Bibliografische Information Der Deutschen Bibliothek
Die Deutsche Bibliothek verzeichnet diese Publikation
in der Deutschen Nationalbibliografie;
detaillierte bibliografische Daten sind im Internet über
http://dnb.ddb.de abrufbar.

ISBN 978-3-7462-2405-3
© St. Benno-Verlag GmbH
 Stammerstr. 11, 04159 Leipzig
 www.st-benno.de
Texte: Gabriel Wolf OPraem
Illustrationen: Christian Habicht
Umschlag: Ulrike Vetter, Leipzig
Gesamtherstellung: Arnold & Domnick, Leipzig (A)